...HÈQUE UNIVERSELLE
ROMANS COMIQUES
1888
JEAN KIRI
LES ÉPOUX
DUCORDON
25 CENTIMES
LIBRAIRIE DES PUBLICATIONS
à 5 centimes
34, RUE DE LA MONTAGNE-SAINTE-GENEVIÈVE
PARIS
30 Centimes le volume rendu franco dans toute la France
et les pays compris dans l'Union postale.

LES ÉPOUX

DUCORDON

PETITE BIBLIOTHÈQUE UNIVERSELLE

LES ÉPOUX

DUCORDON

PAR

JEAN KIRI

M\. et M\. Ducordon tenaient une maison meublée, agrémentée d'une table d'hôte.

Ils étaient en outre portiers de leur établissement. Pauvres locataires !   P. 1.

Mais ils avaient le malheur
d'héberger le bruyant et insolvable
Ratavrim et son illégitime compagne Fleurette.
Ceux-ci devaient déjà la bagatelle
de cinq cent trente-trois francs,

2.

Plus vingt-cinq centimes
- Quand me paierez-vous? de-
mandait Ducordon exaspéré.
- Les centimes tout de suite, ré-
pondait Ratadzim

3

Pour le reste, il faut attendre l'arri-
vée de mon oncle Badouillard.
Cet oncle était le Messie attendu par
Rataūzim qui avait imploré
son pardon

4

Il arriva un beau matin et dit à Mme Ducordon: Est-ce ici que demeure mon coquin de neveu? — Mr Ratadjin sans doute? — Parbleu Hélas' oui monsieur

5

Et la portière, assistée de son
mari, dévida son chapelet.
Malheureux Catadzim! Infor-
tunée Fleurette!

6.

Quand ils eurent fini, Badoui-
lard s'élança dans l'escalier en
s'écriant :
— Ah ! le bandit, il est toujours le
même. Je vais le maudire... 7

LES ÉPOUX DUCORDON.

Ratadzim venait de se lever,
et la gentille Fleurette procé=
dait à sa toilette, quand une
voix menaçante retentit à leurs
oreilles.

Oh! mon Dieu c'est lui   8.

—Que faire, gémit Ratadzim
—Je vais me fourrer dans l'armoi=
re, proposa Fleurette.
—Oui, c'est une idée.
    Et Ratadzim l'enferma dans
le placard.

Puis il alla ouvrir à son oncle.
et se jeta dans ses bras.
— Tu m'étouffes, scélérat, fit Bd
ouillard
— C'est par pure amitié, déclara
Ratadzim

10.

S'étant délivré de son neveu par un brusque mouvement, l'oncle Ba= douillard se mit à fouiller la pièce du re= gard. — Où diable a-t-il mis cette fem= me dont la portière m'a parlé? se demandait-il.

11.

Soudain il avisa, sur la che-
minée, le portrait de Fleurette.
— Qu'est ce que cela ? fit-il.
Ratadzim eut une inspiration:
— C'est ma fiancée, dit-il. 12

Et il reprit :
— Ma fiancée est une jeune
fille pauvre, mais honnête,
que je voudrais bien épouser.

13

Badouillard aperçut tout à
coup quelque chose de bleu
sur un meuble
— Une jarretière s'écria-t-il
avec indignation   14

Ratadzum ne se déconcerta
point :
— C'est sans doute la concierge
qui l'aura perdue

15

LES ÉPOUX DUCORDON.

3

L'oncle parcourait la pièce, en tous sens
— Et ce corset ! cria-t-il brusque-
ment en découvrant l'objet incri-
miné. Est-ce aussi la concierge
qui l'a laissé tomber ?

16

—Hum, ça se pourrait bien fit Rataû-
zern. à moins qu'il ne soit à la
locataire qui occupait cette chambre avant moi.
    Double maintenant homme
la Badouillard.

17

en revint à sa
est un ange de
ose d'innocence

— Et cette jeune fille honnête cet ange de vertu, a oublié
son pantalon ? fit Badoui-
lard en trouvant ce vêtement
sur le lit de son neveu. 17

-Diable pensa Ratadzim, ça se
gâte tout à fait
L'oncle était furieux
-Ah! c'est comme cela que vous êtes re=
penti, hurlait S rouge d'indignation 20

Vous entretenez des femmes
Ratadzum cracha par terre et e
tendit le bras droit
— Sur votre tête mon oncle, je
vous jure que non

Mais en ce moment un bruit désor-
donné retentit dans le placard.
— Ouvre-moi, Rateau, lui criait Fleurette.... au secours!.. une souris, elle
me grimpe dans les jambes...aïe!   22.

Badouillard courut ouvrir, et Fleurette sortit de sa cachette, dans un costume des plus légers. — Ah' c'est votre fiancée, Monsieur, fit l'oncle.

23.

— Mon oncle, protesta Ratadzim

— Mon neveu, répliqua celui-ci ; les unions irrégulières corrompent les moeurs et sont contraires à tous mes principes. Adieu pour toujours !

24.

Il sortit implacable et quitta l'hô-
tel sans avoir donné un sou aux
époux Ducordon, qui se dirent :
— Nous avons fait une bourde.
Heureusement que Rabadzim a
de quoi répondre.

25

Celui-ci apparut.
— Préparez votre note acquittée
dit-il aux portiers, et allez me cher-
cher une voiture. Fleurette, va s'en
aller mon oncle. Le veut

Tandis que les pipelets rayonnaient, Raicdzim remonta et expliqua son plan à sa compagne. Tu vas dé- camper avec nos affaires, et moi je te suis. Faisons semblant de nous disputer. 27.

Pendant que son épouse allait quérir un fiacre, Ducordon se hâta d'aller écouter à la porte des jeunes gens.

28.

Ratadzim et Fleurette, s'inju=
riaient de tout leur coeur, et le
plus amicalement du monde.
— Ah tu me chasses. brigand!
— Oui coquine!.

A un moment donné, ils se mirent à casser la porce-
laine. Ducordon à ce bruit sinistre, sentit défaillir son
cœur de père...

90

Il se précipita dans la chambre
et reçut en plein visage
le contenu d'une demi-tasse
De nuit. O printemps
poésie !

Ratadzem saisit sa malle
et poussant Fleurette dehors
il dit au pauvre concierge
— Vous voyez je la chasse

37

Au bas de l'escalier, Mme Ducordon s'effaça pour laisser passer Ratadzum.
— A la bonne heure! fit elle

33

Mais quelles ne furent pas sa surprise et sa douleur en voyant Fleurette et Ratadzum s'installer en bons amis dans le fiacre. — Nous sommes floués, gémit elle. 34

Le père Ducordon fit la même
remarque en vérifiant les tiroirs
de la commode qui étaient en-
tièrement vides

35

Le fiacre roulait toujours. Au détour
d'une rue, Ratadzim aperçut son
oncle, oui son oncle Badirut-
lard en compagnie d'une de-
moiselle tapageuse

36

— Ah s'écria-t-il au grand dé-
sale du pauvre Badouillard, je
croyais que les unions irrégulières... patat, patata
— Bince ! fit l'oncle

Mais se ravisant tout à coup.
— Ratadzim, je doterai ta... fiancée si tu l'épouses. Et Ipensait
jamais il ne voudra.
— Accepté cria Ratadzim

— Repincé! fit l'oncle..
Et faisant contre mauvaise fortu-
ne bon cœur, il emmena les jeunes
gens souper en partie carrée.
Un mois après il les maria. 39

LES ÉPOUX DUCORDON.

M. et M⁰ Ratudzinu furent très heu=
reux en ménage. Quant aux époux
Ducordon, ils attrapèrent la jaunisse.
Morale : La bêtise est toujours punie
et l'esprit récompensé.